Das Leben ist eine Boulebahn

„Man muss mit dem Herzen sein Ziel weiter stecken, als es der Verstand vorschreiben würde."

Text Manfred Siebald · *Fotos* Wolfram Heidenreich

Das Leben ist eine Boulebahn

Entdeckungen unter südlicher Sonne

schlaue
bücher

Das Leben ist eine Boulebahn

Das Leben ist eine Boulebahn. Wer das nicht glaubt, hat noch nie am Nachmittag eines heißen Julitages vor dem Café de Pescadore (auf Korsisch: U Pescatore) gesessen. Da, wo der Blick rechts oben an die Zitadelle von Calvi stößt und wo links – etwas weiter in der Ferne – der Leuchtturm die Bucht von Révellata abschließt. Wo die Wegweiser auf der einen Seite in Richtung Ile Rousse zeigen und auf der anderen nach Galéria und Porto, da liegt das Pescadore – gleich neben dem Hotel Christoph Colombe („depuis 1827"). Auf der anderen Seite steht mit seinem modernen Selbstbewußtsein das Hotel Saint Christophe – direkt über dem Wasser gebaut und mit allem touristischen Schnickschnack ausgestattet.

Von hier aus hat man einen Blick auf die Geschichte der Stadt Calvi, auf viele hundert Jahre ihrer Vergangenheit als Besitzung Genuas (die auch die lokalen Spekulationen über Calvi als Geburtsort von Kolumbus einschließen, der ja bekanntlich Genueser war). Aber von hier aus kann man auch weit über das Meer sehen, auf die ankommenden Fähren und auf den Horizont, hinter dem die noch unsichtbaren Schiffe auf dem Weg hierher sind.

Hier bekommt man zu einem Pastis nicht nur einen halben Liter Wasser

Von hier aus kann man auf den Horizont sehen.

Hier bekommt man zu einem Pastis nicht nur einen halben Liter Wasser, sondern auch erstklassige Unterhaltung serviert.

sondern auch erstklassige Unterhaltung serviert. Denn hier spielen an jedem Tag, an dem es nicht in Strömen regnet oder ein scharfer Wind von der Westküste her durch die Bäume pfeift, direkt vor den Tischen die Männer von Calvi ihr Boulespiel. Seit Jahrhunderten vermutlich, denn die Selbstverständlichkeit, mit der man sich hier zusammenfindet, kann keine moderne und schon gar nicht eine schnelle Erfindung sein. Die Umgebung jedenfalls atmet den Geist einer langen, einer sehr langen Vergangenheit.

Auch auf anderen Plätzen der Stadt wird Boule gespielt: auf dem kleinen Gelände zwischen Bahnhof und Hafen, in einer Ecke des großen Parkplatzes zwischen Strand und Einkaufszentrum oder auf dem sandigen Boden vor der Wohnanlage Les Terrasses. Aber am schönsten finde ich den Platz hier oben über der verwinkelten Altstadt.

Die Bäume

Selbst wer nicht an einem der Tische unter dem Schilfgeflecht des Vordachs sitzt, kann ein schattiges Fleckchen finden: auf den roh behauenen und aufeinander gelegten Granitblöcken, die als Sitzgelegenheiten auf dem Platz stehen. Oder auf den alten Holzbänken mit den verschnörkelten gusseisernen Seitenteilen. Vor ein paar Jahren hat die Stadt neue Bänke aufgestellt. Sie sehen aus, als hätte man ein paar alte Nähmaschinen auseinandergenommen und die Teile mit Brettern wieder verbunden. Es wird wohl etwas Zeit ins Land gehen, ehe sie richtig von der Bevölkerung angenommen worden sind.

Hier geben uralte Bäume mit knotigen Ästen und mächtigen Wurzelknollen den ersehnten Schutz vor der sengenden Sonne, doch fast immer weht vom Meer her auch eine leichte Brise. Gewaltige Füße haben diese Bäume – mit einer Oberfläche wie geronnene Lava, durch die tiefe Rinnen laufen, und manchmal unten geborsten und dadurch ein Zufluchtsort für kleinere

Pflanzen. Und sie machen den Platz zu einem Stück Lebensraum auch für die Menschen. So vertraut sind Mensch und Pflanze, dass einer der Boulespieler schon mal eine Hacke mitbringt, um ein neu angepflanztes und durch einen niedrigen Zaun geschütztes Bäumchen zu pflegen.

Es sind Bäume – zum ersten Mal vor 70 Millionen Jahren aufgetaucht, sagt man – die den botanischen Gelehrten immer noch Rätsel aufgeben. *Phytolacca divica* (oder *dioica*) lautet ihr wissenschaftlicher Name, *Elefantenfuß* oder *'Bell Ombra*

heißen sie im Volksmund, und tatsächlich sehen ihre knorrigen Stämme und Wurzeln aus wie die Beine riesiger Rüsseltiere; tatsächlich spenden sie einen wunderbaren Schatten. Hier auf Korsika und im provençalischen Hyères findet man die größten Exemplare; die in Griechenland sind etwas kleiner.

Je länger man hier sitzt und die Vielfalt menschlicher Anblicke und Verhaltensweisen studiert, desto mehr entdeckt man in diesem Spiel Dinge, die man aus dem eigenen Alltag kennt.

Ob das Alter dieser Bäume ein Hinweis auf das Alter dieses Spiels ist – auf die uralte menschliche Lust an rollenden Bällen, auf den verborgenen Wunsch, so wie die Boulekugel auch die Weltkugel schnell oder langsam zu bewegen, sie anzuhalten oder an ihr Ziel zu bringen? Ob das ein Zeichen dafür ist, dass die Gesetzmäßigkeiten des Boulespiels überall im Leben vorkommen – in den Amtsstuben ebenso wie in den Ausbildungswerkstätten, in den Parlamentsdebatten ebenso wie in den Konzertsälen, in den Diskotheken ebenso wie in den Seniorenresidenzen?

Je länger man hier sitzt und die Vielfalt menschlicher Anblicke und Verhaltensweisen studiert, desto mehr entdeckt man in diesem Spiel Dinge, die man aus dem eigenen Alltag, aus der Beobachtung seiner

Umwelt, aus der Betrachtung der Geschichte, aber auch aus den uralten Weisheiten der Bibel kennt.

Ja – das Leben ist eine Boulebahn, und manche ewigen Wahrheiten finden sich in den Erfahrungen des Spiels wieder. Vielleicht ist sogar der Glaube eine Boulebahn. Beim ruhigen Zuschauen kommen einem solche Gedanken.

Das Terrain spielt immer mit

Zum Boulespielen eignet sich der Boden des Platzes an der Zitadelle von Calvi vorzüglich. Aus graugelbem, grobkörnigem Sand ist er, mit kleinen Steinen dann und wann. Wie Adern durchziehen ihn vom Regen ausgewaschene Rinnen, und die verlaufen in absonderlichen Kurven mal leicht bergab und mal bergauf. Überhaupt ist der ganze Platz von der abschüssigen Sorte – er liegt an einer Gefällestrecke der Straße, die hinunter zum Hafen führt. Mit diesem Platz müssen die Spieler leben, und da das für alle gilt, sind die Chancen gleich verteilt. Wenn am Nachmittag die Spiele beginnen, sind meist die Spuren der Partien vom Vortag verweht oder glattgetreten, und wer immer hier ankommt, betritt Neuland.

Boule kann man auf jedem Terrain spielen. Auf Rasen ist es möglich und auf Kies, ebenso wie auf Lehmboden oder Sand. Meist ist der Boden so beschaffen wie hier in Calvi, aber wichtig ist eigentlich nur, dass vorher alle Mitspieler mit dem Platz einverstanden sind und sich über etwaige unbespielbare Zonen verständigen:

Schlammlöcher, Grasnarben oder Steinpflaster. Ob der Untergrund weich oder hart, eben oder rauh ist, spielt prinzipiell keine Rolle, aber für den Verlauf des Spieles und vor allem für die angewendeten Wurf- oder Rolltechniken kann es von entscheidender Bedeutung sein. Man kann da seine spielerischen Stärken ebenso in Szene setzen wie die Schwächen des Gegners (wie noch zu sehen sein wird). Auch herumliegende Steine oder Ästchen kann man in seine Spielstrategie einbauen.

Jean-Pierre, der kleine, hagere Endfünfziger mit der spitzen Nase, hat einen Riecher für topographische Gemeinheiten. Wann immer er an der Reihe ist, die als Ziel dienende kleine Holzkugel zu platzieren, denkt er sich etwas Neues aus. Mal wirft er sie so in den Schatten eines Baumes oder einer Steinbank, dass sie vom Abwurfkreis aus nur schwer zu sehen ist. Mal wählt er eine besonders sandige Stelle – so als würde er beim Golf ein Rough zum Green erklären. Ab und zu sucht er sich auch eine abschüssige Strecke aus, eine Rinne, eine Bodenwelle, die es den Gegnern, aber auch seiner eigenen Mannschaft, unmöglich macht, ohne Umwege das Ziel zu erreichen. Die Kugel mag das Ziel schon berührt haben und liegenbleiben wollen, der Werfer atmet zufrieden durch, doch

Die Chancen sind gleich verteilt.

da bewegt sie sich wieder, dem kaum sichtbaren Gefälle folgend, und bleibt irgendwo am Grund des Abhangs liegen. Mit diesem Terrain müssen aber alle – Freund und Feind – leben.

Fast wie im richtigen Leben, möchte man sagen. Seine Umgebung und die Lebensumstände meint man sich in einem reichen Land heute eher auszusuchen können als früher, aber irgendwann muss man sich dann möglicherweise doch auf Ungeplantes und Ungeliebtes einstellen. Überall gibt es Unebenheiten und Begrenzungen, an die man sich anpassen muss, und immer wieder gibt es im Berufsleben Momente, in denen nur das eigene Können gegen das Unvermögen der Kollegen steht – oder umgekehrt. Dasselbe begegnet einem in der Wohngegend, in der man sich aus irgendwelchen Gründen angesiedelt hat. Ob da die chemischen Altlasten des Militärübungsplatzes, die fauligen Düfte des Kompostwerks, der Lärm der landenden Flugzeuge oder das Kindergeschrei vom Spielplatz um die Ecke die Nerven strapazieren: Mit den Bedingungen, die das Leben in der Industriegesellschaft uns stellt, müssen wir alle auf unsere Weise zurechtkommen. Das Leben ist halt eine Boulebahn.

Die Ruhe bringts

Das Boulespiel an der Zitadelle von
Calvi habe ich irgendwann auf der Rück-
kehr von einer langen Wanderung durch
die korsische Macchia entdeckt und lieben
gelernt. Vielleicht hatte ich auch gerade
eine Fahrradfahrt über die Pässe ins Fango-
tal hinter mir oder einen Weg entlang der
Klippen im Südwesten, wo die Gischt viele
Meter hoch gegen die Felsen peitscht und
der Wind einem den Atem nimmt. Immer
wieder zieht es mich nach meinen Insel-
erkundungen hierher, und wenn ich mich
mit jedem der langsamer gewordenen
Schritte dem Bouleplatz nähere, ist es wie
der Beginn des Feierabends. So ähnlich
kam ich früher vom Fußballspielen heim
und freute mich auf irgendetwas zu trinken.
Ich bin nicht der Einzige, der mit schlurfen-
den Füßen hier ankommt. Mit mir treffen
gerade bedächtigen Schritts zwei alte
Männer ein, und weiter oben stehen auf
dem Bürgersteig noch einige im Gespräch
vertieft.

Sitzt man in der Mitte des Nachmittags
im Café Marchetti unter den Platanen am
Bahnhof, um dem trägen Kreislauf mit
einem Grand Café Noir aufzuhelfen, dann
sieht man sie aus den verschiedenen Stra-
ßen und Hauseingängen dem Bouleplatz
zustreben. Von weiter oben – etwa von
einer der mächtigen Mauern der Zitadelle,

die noch über der Oberstadt thront – sähe
das wahrscheinlich aus wie ein Sternmarsch
der Lebenskünstler.

Noch nie habe ich einen Menschen zum
Boulespiel hetzen gesehen. Beim Boule wird
nicht nur eine ruhige Kugel geschoben;
Boule ist ein Spiel zum Ruhigwerden. Ich
erinnere mich an Sir Francis Drake, den
legendären Piraten, Entdecker, Weltum-
segler und Mitbefehlshaber über die eng-
lische Flotte unter Königin Elizabeth I.
Es war im Jahre 1588, als ein Schiff in
Plymouth mit der Nachricht landete, dass
150 spanische Schiffe auf dem Wege nach
England seien. Von Admiral Drake wird
berichtet, dass ihn die Meldung von der
lange gefürchteten Invasion durch die
Armada gerade beim Boulespiel – auf Eng-
lisch „Bowls" genannt – erreichte. Er befahl
seinen Schiffen, sich auf die Seeschlacht
vorzubereiten und spielte dann seelenruhig
sein Spiel zu Ende, bevor er selbst an Bord
ging. Hatte diese Seelenruhe vielleicht etwas
mit dem Spiel zu tun? (Die Engländer
besiegten schließlich dank eines listigen
Planes die spanischen Angreifer).

*Beim Boule wird nicht
nur eine ruhige Kugel
geschoben. Boule ist
ein Spiel zum Ruhig-
werden.*

Hier lebt man in dem Rhythmus von Aktion und Pause – von eigenem Tun und Warten auf das Tun der anderen.

Auch jene Stelle aus dem Tagebuch Virginia Woolfs fällt mir ein, an der sie im Kriegsjahr 1940, während der „Battle of Britain", von einem deutschen Kampfflieger berichtet, der dicht über den Köpfen des „Bowls" spielenden Ehepaars Woolf seine Kreise zog und die Spieler leicht mit seinen Bordwaffen hätte treffen können: „Es wäre ein friedlicher, nüchterner Tod gewesen, an diesem wunderschönen, kühlen, sonnigen Augustabend beim Boulespielen auf der Terrasse abgeschossen zu werden." Ob das nun britisches Understatement ist oder tatsächlicher Seelenfrieden – das Spiel mit den Kugeln scheint selbst angesichts tatsächlicher Gefahren den Menschen ruhig zu machen.

So ist es auch hier in Calvi. Wer lässt sich hier schon ablenken von dem giftigen Surren einer hochgezüchteten Vespa, deren Besitzer aufmerksamkeitsdürstend die Straße zum Hafen hinunterrast? Oder von den Sirenen der Feuerwehrzüge, die zu einem der hier im Sommer häufigen Macchiabrände unterwegs sind? Nein, hier lebt man in dem Rhythmus zwischen Aktion und Pause, zwischen eigenem Tun und Warten auf das Tun der anderen, der – ganz anders als beim Fuß- oder Basketball – die Ruhe zwangsläufig herbeiführt.

Na klar – ich höre sie in Gedanken schon lästern, die Philister der Nützlichkeit: Dies ist vertane Zeit, vergeudete Gelegenheit, Geld zu verdienen. Aber wollen sie Gott wirklich vorwerfen, er habe am siebten Tag der Schöpfung gefaulenzt, statt noch ein paar zusätzliche botanische oder zoologische Spezies zu erschaffen? Vielleicht ist das Boulespiel deshalb eine so für den Feierabend und den Feiertag geeignete Beschäftigung, weil es in etwa den Schöpfungsrhythmus spiegelverkehrt nachspielt. Gott ruhte (so lesen wir in der Bibel) nach sechs Tagen Arbeit und verordnete seinen Menschen, das ebenso zu tun – damit sie sich nicht zu Tode arbeiten. Auf alle Bewegungen eines durchschnittlichen Boulespiels (mit zwei Mannschaften à drei Spielern) gerechnet, entfällt auf den einzelnen Spieler nur ein Sechstel an Aktivität. Der Rest besteht im Zuschauen. Das macht Boule zum perfekten Sonntagsspiel. Oder vielleicht sollte man sagen: So macht Boule auch ein Stück des Alltags zum Sonntag.

Gott verordnete seinen Menschen, nach sechs Tagen Arbeit zu ruhen – damit sie sich nicht zu Tode arbeiten.

Die Utensilien

An den dicken Stämmen der Bäume hängen kleine längliche lederne Taschen – ein sicheres Anzeichen für die Anwesenheit von Boulespielern. Und da liegen die Kugeln – manche noch mit den ein, zwei oder drei Ringen oder Rillen, die sie mit ihrer jeweiligen Partnerkugel von Anfang an unverwechselbar machten, manche auch schon längst geschliffen und matt von zahllosen Stößen, Schlägen und Kollisionen, die ihnen einen noch unverwechselbareren Charakter gegeben haben. Für das Auge eines zufälligen Betrachters mögen solche viele Jahre alten Kugeln identisch sein, aber der Besitzer erkennt sie schlafwandlerisch, nimmt sie in die Hand, wiegt ihr Gewicht und ist zufrieden. So wie der Maler beim

Betrachten seines Gemäldes nicht nur das sichtbare Ergebnis, sondern die einzelnen Phasen seiner Entstehung sieht, wie der Dichter beim Lesen seines Gedichtes noch die zahllosen verworfenen Strophen mithört, so sieht auch der Boulespieler nicht nur seine Kugel, sondern er sieht ihre Geschichte mit. Jede dieser etwa 700 Gramm schweren Stahlkugeln könnte ihre Geschichte von Misshandlungen und Zusammenstößen erzählen – aber dann auch von Höhenflügen, von sanften Wegstrecken, von perfekten Landungen, von Streicheleien. Ebenso wie mancher Mensch, der von den Berührungen durch andere Menschen, durch Zornesausbrüche und Zärtlichkeiten glatt geschliffen wurde.

Drüben in der Ecke vor dem Parkplatz haben zwei Touristen – er schon zünftig braungebrannt, sie mit allen Spuren eines unvorsichtig eingefangenen Sonnenbrandes – ihre ladenneu glänzenden Kugeln ausgepackt und versuchen es, den Profis gleichzutun. Aber die in einem Kaffeegeschäft ihrer nördlichen Heimat erstandenen Kugeln brauchen wohl noch ein paar Jahre oder Jahrzehnte, ehe sie richtig auf diesen Platz passen. Schön ist, dass niemand den Novizen arrogante Blicke zuwirft. Auf dem Bouleplatz lässt man einander leben.

Der Boulespieler sieht nicht nur seine Kugel, sondern er sieht ihre Geschichte mit.

Jede Spielart des Boule hat andere Kugeln.

Es lassen sich interessante Ausflüge in die Geschichte machen. Da gab es zum Beispiel die genagelten Kugeln – *les boules cloutées*. Die ursprünglichen Kugeln, etwa bis zur Mitte des 19. Jahrhunderts, waren aus Holz und nutzten sich auf hartem Terrain recht schnell ab. Die Spieler behalfen sich damit, ihre Spielgeräte durch einzelne eingeschlagene Nägel widerstandsfähiger zu machen, und daraus wurde im Verlauf der Industrialisierung eine regelrechte Mode. Mit Nägeln verschiedenartiger Materialien konnten die Kugeln nun nicht nur geschützt, sondern auch verziert werden. Das machte sie schwerer, aber auch aus der Entfernung leichter erkennbar.

Je nachdem, welche Spielart des Boule man anschaut, entdeckt man immer andere Kugeln. Beim Boule Lyonnaise sind die mit Anlauf in bestimmte Zonen zu werfenden Kugeln (früher aus Holz hergestellt, dann aus Aluminium-Bronze und heute allgemein aus Stahl) bis 1400 Gramm schwer und mit einem Durchmesser von 9-11 cm auch recht groß. Bequemer lässt man es bei dem in Südfrankreich verbreiteten Jeu Provençal angehen. Dort beträgt der Kugeldurchmesser 7 bis 8 cm, und das Gewicht beschränkt sich auf 620–800 g – was durchaus menschenfreundlich ist, da das Ziel mindestens 15 m entfernt liegt und die Spieler beim Abwurf auf einem Bein stehen müssen. Am leichtesten haben es wohl die Boccia-Spieler in Italien mit ihren farbigen Holzkugeln, für deren Platzierung sie allerdings auch eine 28 m lange Spielfläche brauchen.

In den Händen der Spieler auf dem Platz vor mir findet man außer den Kugeln noch eine Reihe von anderen Gegenständen. Da gibt es den dünnen Messstab (flachsig auch *la baguette* genannt), Maßbänder aus Metall oder Plastik in allen Variationen, aber auch Teleskopstangen, wie man sie zum Zeigen bei Vorlesungen benützt, und natürlich den gemeinen Zollstock (*le mètre*). Wozu diese Dinge dienen? Um den Abstand zwischen den Kugeln zu messen, denn der entscheidet über die Reihenfolge der Würfe oder zum Schluss über die Punkteverteilung. Aber vielleicht hat jemand in seiner Tasche zufällig ein Stück Bindfaden. Das tut es auch. Oder Matthieu nimmt ein paar Kugeln, die er aneinander legt, um die Abstände zu messen. Wenn auch das nicht reicht, benutzt man einfach die alte „Tip-Top"-Methode, die man vom Bolzplatz kennt – man setzt den rechten und den linken Fuß so oft wie nötig voreinander. Elfmal dieselbe Schuhgröße in einer Reihe ist eben weniger als zwölfmal.

Jeder der Akteure in diesem nachmittäglichen Drama hat seine kleinen Rituale.

Wir brauchen Rituale

Aus den hinteren Hosentaschen so manches Spielers schaut ein Tuch hervor, das zum Polieren der Kugeln dient (*le chiffon*). Es könnte ja sein, dass der anklebende Sand die Rolleigenschaften beeinträchtigt. Aber ein solches Tuch ist auch zum Abwischen der Hände gut, wenn sie vom Staub des Platzes schmutzig geworden sind. Solche Wischbewegungen, möchte man nach einer Weile meinen, sind ebenso ein Ritual zur eigenen Beruhigung wie das Anhauchen der Hände beim Tennisspielen oder das Hochziehen der Fußballerstutzen vor dem Freistoß. Aber man kann auch mit ausführlichen Putzbewegungen den Gegner wunderbar nervös machen.

Jeder der Akteure in diesem nachmittäglichen Drama hat seine kleinen Rituale, die die anderen sehr wohl zu kennen scheinen. Sie alle verweben sich ineinander wie im richtigen Leben: das bedächtige Wiegen des Kopfes beim Beurteilen eines Wurfes oder die nachdenklich durch die Haare fahrende Hand, das herzliche anerkennende Bravo, die hochgezogenen Brauen, die entrüstet nach unten gezogenen Mundwinkel, die in scheinbarem Seelenschmerz nach oben rudernden Arme. Und Alain steht vor jedem seiner Würfe sinnend über den Kugeln und schaut auf sie herab wie einstens Napoleon auf seine Truppen bei

Waterloo. (Ach, dass doch alle Generäle auf so friedliche Weise ihre Strategien abschätzen würden …).

Meine Gedanken wandern nach Hause, in den Norden, wo ich auf dem zur Boulebahn umgestalteten Bolzplatz unseres Dorfes genau dieselben kleinen Rituale beobachtet habe. Da stehen die Banker und die Bauern, die Busfahrer und die Beamten und haben sich das Spiel bis in die kleinsten Einzelheiten zu eigen gemacht. Die Bäume sind dort Buchen und Birken, die Bänke sind nüchterne Bretterkonstruktionen, und die Temperaturen sind bis auf manche Sommertage im Vergleich zu denen hier auf Korsika eher fröstelig. Doch in diesem dörflichen „Boulodrome" wird auf einem Untergrund aus grobem grauem Sand an jedem Sonntag voll Hingebung Boule gespielt.

Auch dort klickt und klackt es hinter dem Rücken der Spieler, und auch dort wischen angestaubte Hände mit alten Tüchern über die Stahlkugeln. Wo haben die Boulebegeisterten in der Mitte Deutschlands das her?

Haben sie es in vielen Frankreichurlauben den Einheimischen abgeschaut? Oder gehören diese Bewegungen einfach zum Spiel, wo immer es gespielt wird? Inzwischen ist dieser wunderbare Zeitvertreib ja tatsächlich in ganz Europa und auch in Übersee verbreitet. Es gibt eine Vielzahl von nationalen Verbänden und sogar einen internationalen Verband. Nationale und Weltmeisterschaften finden statt, und es gibt ungezählte Einladungsturniere und aufwendig gestaltete Websites.

Eine Taube über mir reißt mich aus meinen Träumen über die kleinen Rituale, zu denen das Boulespiel verführt. Von ihrer höheren Warte gurrt sie ihr Unverständnis ob solcher kindischer Gebärden. Durchsichtige Schleierwolken überziehen den Himmel, und ein sanfter Wind von der anderen Seite der Bucht lässt ein paar trockene Blätter um die Begrenzungssteine kreiseln.

Da stehen die Banker und die Bauern, die Busfahrer und die Beamten und haben sich das Spiel bis in die kleinsten Einzelheiten zu eigen gemacht.

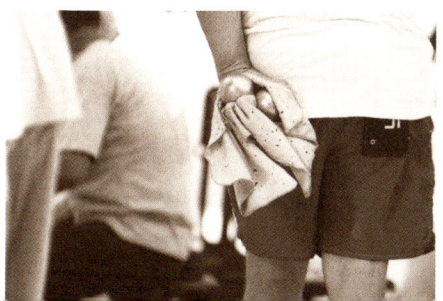

Die Akteure

Nachmittags gegen halb vier kommen die ersten Spieler an – schlendernd, unaufgeregt, nicht von irgendwelchen Terminen getrieben. Das Durchschnittsalter ist schwer zu bestimmen; irgendwo zwischen fünfundfünfzig und fünfundsiebzig mag es sich bewegen, und manche der Bänke am Rand beherbergen schon mal gut und gerne dreihundert Jahre auf einmal. Und das sind dreihundert Jahre Erinnerungen an ungezählte Boulespiele. Was nicht heißt, dass zu den ältern Bürgern nicht auch Jüngere dazustoßen können. Bei dem einen Ankömmling rührt sich kaum jemand, der nächste wird mit lautem Hallo von allen Seiten willkommen geheißen. Der Handschlag aber gilt jedem in der Runde. Nicht selten schüttelt ein Neuankömmling zwanzig Hände. Gerade die Älteren und die ganz Alten werden ehrerbietig begrüßt. Seltener sind Umarmungen, aber auch die gibt es – mit Küsschen rechts und Küsschen links.

Natürlich fragt sich der an Stechuhren oder zumindest an geregelte Arbeitszeiten gewöhnte Mitteleuropäer unwillkürlich, was und wann denn die Jüngeren unter den Akteuren eigentlich arbeiten. Die Zigarette in der einen Hand, das Futteral mit den schweren Inhalten in der anderen stehen sie einfach hier, und niemand von den älteren Einheimischen stört das. Hinter deren Rücken hört man bereits die Kugeln gegeneinander klicken.

Die Kleiderordnung scheint darin zu bestehen, dass es keine Kleiderordnung gibt. T-Shirts mit transatlantischen Botschaften oder lokalen Werbeaufschriften sind ebenso zu sehen wie Hemden in allen Farben und Dessins, kurze und lange Hosen und halblange Bermudas. Baseballcaps und Kapitänsmützen spenden den Gesichtern etwas Schatten, und die nackten Füße stecken in einfachem Schuhwerk – Sandalen, Gummischlappen, Espadrillos oder Bootsschuhen.

Manche der Bänke am Rand beherbergen schon mal gut und gerne dreihundert Jahre auf einmal.

Mancher Gürtel ist scheinbar nicht nur da, um die Hose zusammenzuhalten – er dient auch dazu, Bäuchlein oder Bauch von unten zu stützen. Oder dazu, einen Ring mit zahlreichen Schlüsseln zu halten, eine Art Statussymbol für die Schlüsselgewalt, die der Träger dokumentieren möchte. Ich habe sie alle auch schon im Spätherbst oder zu Beginn des Frühjahrs spielen gesehen. Da waren die Hemden wärmer, die Jacken flauschiger. Manche trugen damals auch die alten blauen Handwerkerkittel, die statt Knopflöchern nur Schlaufen haben.

Auffällig ist, wie wenige Frauen in diesem Bild vorkommen. Wann immer aber eine mitspielt, darf sie mit genau der gleichen Achtung rechnen wie die Männer in der Mannschaft. Ab und zu taucht eine Mutter oder eine Großmutter mit ein, zwei Kindern auf, um zu sehen, was Papa oder Opa so treiben. Sicher haben die meisten Frauen zu dieser Zeit etwas anderes zu tun. Vielleicht aber spiegelt ihre Abwesenheit auch nur die noch weithin patriarchalischen Verhältnisse des Mittelmeerraums wider.

Hier ist die weite Welt für ein paar Sonnenstunden am Nachmittag abgeschaltet.

Fast nie piept – auch auf den südeuropäischen Bouleplätzen des 21. Jahrhunderts – ein Mobiltelefon. Hier ist die weite Welt für ein paar Sonnenstunden am Nachmittag abgeschaltet. Man unterhält sich noch von Angesicht zu Angesicht, und keine der sonst elektronisch ausgetauschten Nichtigkeiten ist so wichtig, dass sie an die Wichtigkeit des so herrlich nichtigen Boulespiels heranreicht.

Die Stimmung reicht von jugendlicher Ausgelassenheit bis zu äußerster Anspannung. Wenn die Kugel rollt, sind alle Gedanken auf diese paar Zentimeter der Weltkugel konzentriert. Wen kümmert jetzt und hier das Gipfeltreffen im fernen Paris, auf dem über die Verwendung von Milliarden und das Schicksal von Völkern beraten wird? Hier wird der Augenblick ernst genommen und mit ihm das ganze aus lauter Augenblicken zusammengesetzte Leben. „Lasst den morgigen Tag für das seine sorgen" heißt es in der Bergpredigt, und das galt damals wie heute jenen Menschen, die sich um alles andere kümmern

als um den Augenblick. Boulespieler scheinen das zu verstehen, und sie leben dem
Rest der Welt eines der Geheimnisse
menschlichen Glücks vor.

Ist es das, was mich an diesem Spiel
so fasziniert – mehr als es internationale
Sportereignisse oder die wöchentlichen
Bundesligabegegnungen können? Ist es die
Abwesenheit des Medienzirkus? Ist es die

Selbstverständlichkeit der Aktionen und die
Selbstvergessenheit der Akteure, die sich
auch durch den Fotografen nicht stören
lassen, der sie unauffällig, aber doch sicht-
bar mit seinem gewaltigen Objektiv ins
Visier nimmt? Nein wahrlich: Das Leben
ist keine Medieninszenierung. Das wahre
Leben ist eine Boulebahn.

*Das Leben ist keine
Medieninszenierung.
Das wahre Leben ist
eine Boulebahn.*

Ohne Regeln geht nichts

Boule kann man immer und überall nach eigenen Regeln spielen (und schon Kinder haben ja Spaß daran, mit einer Kugel auf ein Ziel zu werfen). Wer allerdings zum Spaß auch etwas Spannung und zur Konzentration auch am Schluss die Belohnung durch ein gutes Ergebnis haben möchte, wird an Regeln nicht vorbeikommen. Und die unterscheiden sich von Land zu Land denn doch – je nachdem, ob wir von „Boccia" oder „Bowls" oder „Boule" sprechen. Die Regeln der französischen Spielart „Pétanque", von der ich hier rede, sind ebenso einfach wie überschaubar und strikt.

Wer zum Spaß auch Spannung haben möchte, wird an Regeln nicht vorbeikommen.

🔵 Zunächst werden zwei Mannschaften gebildet. Ob das zwei gegeneinander spielende Einzelmenschen mit drei Kugeln sind (auf Französisch *tête-à-tête*), oder zwei Mannschaften von je zwei Personen (*en doublette*; jeder spielt mit drei Kugeln) oder von je drei (*en triplette*; jeder hat zwei Kugeln), hängt davon ab, wie viele Spielerinnen oder Spieler auf dem Platz sind oder welche Formation in der Turnierankündigung vorgeschrieben ist. Durch irgendeine Art von Los, z.B. durch Münzwurf, wird ermittelt, welche dieser Mannschaften den ersten Durchgang beginnen darf. In Deutschland werden die einzelnen Durchgänge des Spiels gewöhnlich als „Aufnahme" bezeichnet.

🔵 Diese Mannschaft wählt einen Abwurfpunkt an einer beliebigen Stelle des Spielfeldes, aber mindestens 1 Meter vom Rand oder von einem Hindernis entfernt. Wenn man nicht sowieso einen genormten Abwurfkreis zur Verfügung hat, dann wird mit dem Finger oder einem Stöckchen ein Kreis (*le cercle* oder *le rond*) von 35–50 Zentimetern in den Sand gezeichnet – so groß, dass ein Spieler bequem mit beiden Füßen hineinpasst. Das ist genau die Besonderheit der im Süden Frankreichs und auf Korsika gespielten Bouleart, die inzwischen die populärste aller Varianten ist. Sie wird „Pétanque" („pieds tanqués") genannt – was im alten provençalischen Dialekt parallel nebeneinander gestellte Füße bedeutet. (In früheren Zeiten war das anders, und in manchen Regionen werden die Kugeln auch heute noch mit Anlauf geworfen.) Jeder Spieler muss zum Werfen in den Kreis treten, und dort müssen seine beiden Füße so lange den Boden berühren, bis die Kugel zu Boden gefallen ist.

Ein beliebiger Spieler der ersten Mannschaft wirft die kleine Zielkugel (aus Holz oder auch aus Plastik) von 30 mm Durchmesser, *but* oder *cochonnet* („Schweinchen") genannt, an einen Punkt, der – wenn Erwachsene spielen – zwischen 6 und 10 Meter vom Wurfkreis entfernt sein muss und mindestens einen Meter vom nächsten Hindernis entfernt ist.

Jeder Spieler muss zum Werfen in den Kreis treten und darf ihn nicht verlassen, bevor die Kugel zu Boden gefallen ist.

Um die größte Nähe einer Kugel zum Ziel dreht sich das ganze Spiel.

Innerhalb einer Minute versucht nun dieser erste Spieler, oder ein anderer aus seiner Mannschaft, im Stehen oder in der Hocke eine Kugel so zu werfen oder zu rollen, dass sie möglichst nahe an der Zielkugel liegt. Um diesen Punkt der größten Nähe zum „Schweinchen" dreht sich das ganze Spiel; deshalb nennt man diesen Vorgang *pointer* (auf Deutsch „legen"). Bei allen Würfen müssen die Spieler der jeweiligen gegnerischen Mannschaft immer mindestens zwei Meter seitlich hinter dem Abwurfkreis oder hinter der Zielkugel stehen, und sie dürfen sich nicht bewegen oder sprechen, sobald jemand in den Abwurfkreis tritt.

Die gegnerische Mannschaft bemüht sich mit ihren Würfen nun ihrerseits darum, dass eine ihrer Kugeln näher am Ziel liegt als jene der ersten Mannschaft (was man *faire le point* nennt). Wenn beim eventuell nötigen Nachmessen der Entfernung jemand die Zielkugel oder eine strittige Kugel bewegt, ist der entsprechende Punkt für seine Mannschaft verloren.

Ist dies erreicht, „hält" also die zweite Mannschaft den Punkt der größten Nähe, geht es mit der ersten Mannschaft weiter. Diese versucht entweder, mit gezielten Würfen die bestplatzierte gegnerische Kugel wegzuschießen (*tirer*) oder ihre

Kugeln wiederum näher am Ziel zu landen. Auch das „Schweinchen" selbst darf weggeschossen werden; es muss aber im sichtbaren Bereich bleiben (und darf höchstens von einer der Kugeln verdeckt sein). Wenn das Schweinchen in unerlaubtem Gebiet oder weiter weg als 20 Meter landet, wird die aktuelle Aufnahme mit null Punkten gewertet – aber nur, wenn entweder beide Mannschaften jeweils noch über Kugeln verfügen, oder wenn beide keine Kugeln mehr haben. Besitzt die eine Mannschaft noch Kugeln und die andere nicht mehr, dann bekommt die Mannschaft mit Kugeln für diese Aufnahme so viele Punkte, wie sie Kugeln besitzt.

Fazit: Es spielt immer die Mannschaft, deren Kugeln momentan schlechter platziert sind. Wenn eine der Mannschaften alle ihre Kugeln gespielt hat, wenn sie sozusagen „leer" ist, versucht die andere Mannschaft, ihre verbliebenen Kugeln so nahe wie möglich ans Ziel zu befördern. Die Aufnahme gewonnen hat die Mannschaft, die mit einer ihrer Kugeln am nächsten zum Ziel liegt. Dies bringt ihr mindestens einen Punkt. Jede weitere ihrer Kugeln, die näher am Ziel liegt als die Nächstplatzierte der gegnerischen Mannschaft, bringt einen weiteren Punkt.

Die nächste Aufnahme fängt an, indem ein Spieler der siegreichen Mannschaft gewöhnlich an der Stelle einen Wurfkreis zeichnet oder auslegt, wo sich zum Schluss das Ziel befunden hat. Von hier aus wirft er das „Schweinchen" wieder in der oben beschriebenen Weise, und das Spiel geht seinen Gang.

Gewonnen hat die Mannschaft, die als erste dreizehn Punkte erreicht.

Es spielt immer dei Mannschaft, deren Kugeln schlechter platziert sind.

Während drüben nahe der Mauer zur Bucht ein neues Spiel beginnt, gerate ich ins Sinnieren. Ist das alles nicht auch im richtigen Leben so? Spiegeln sich in diesem Reglement nicht viele Selbstverständlichkeiten des Alltags? Zum Beispiel, dass immer einer den Anfang machen muss. In wie vielen Firmen, Mannschaften und Partnerschaften ist das ein Grundproblem: Jeder wartet darauf, reagieren zu können, aber keiner will den ersten Schritt unternehmen. Und doch bewegt sich nichts, wenn nicht einer die Dinge – das Schweinchen sozusagen – in die Hand nimmt. (Er muss ja nicht gleich die Sau rauslassen.)

Aber auch allein schon das Vorhandensein von Regeln ist eine Voraussetzung dafür, dass das Zusammenleben gelingt. Wo immer eine Gemeinschaft von Menschen entsteht, muss man sich auf verlässliche Maßstäbe für den Umgang miteinander einigen. Sonst gibt es Chaos, und viele Energien werden im Streit vergeudet. Das ist ja übrigens einer der Gründe, warum es in der Bibel die Gebote gibt: nicht weil der Schöpfer der Welt Spaß an willkürlichen

Einschränkungen der Bewegungsfreiheit hätte. Nein – Gebote und Regeln sind zunächst einmal Hilfen zum Leben.

Erst wo Regeln sich verselbstständigen und lebensfern und einengend werden, gilt es aufzupassen. Aus heutigem Blickwinkel erscheint zum Beispiel jene Verordnung als äußerst merkwürdig, durch welche die Pariser Synode von 1697 allen Geistlichen verbot, in der Öffentlichkeit Boule zu spielen.

Dabei hatte doch die medizinische Fakultät von Montpellier im 16. Jahrhundert ausdrücklich die segensreiche Wirkung des Boule-Spieles für die menschliche Gesundheit unterstrichen: „Es gibt keinen Rheumatismus oder andere ähnliche Leiden, die nicht durch dieses Spiel vereitelt werden können. Es ist für jedes Alter geeignet."

Gebote und Regeln sind Hilfen zum Leben.

Die wahre Egalité und Fraternité des Alltags stellt sich beim Boulespielen ganz von selbst ein.

Was bedeutet schon das Äußere?

Aber das Boulespiel hat noch viele andere Lektionen parat. Die uralte menschliche Angewohnheit, einander nach dem Aussehen zu beurteilen, lässt sich hier genauso studieren wie das Gegenteil: die Lust am Verkleiden, um den anderen zu täuschen. Gerade der Zugereiste, der nur am Rand sitzt und die Akteure nicht kennt, lernt es nach und nach, sich vor voreiligen Einschätzungen zu hüten. Wenn er sich genügend Zeit nimmt, kann er Entdeckungen machen, die ihn beim nächsten Mal vorsichtiger urteilen lassen.

Da ist zum Beispiel der kleine, stämmige Mann mit der dicken Brille, der nicht gerade schäbig, aber doch alles andere als protzig gekleidet auf den Platz kommt. Mit dem nach hinten gedrehten Schirm seiner Mütze sieht er aus wie ein ziemlich alt geratenes Kind. Und wie ein Kind freut er sich gerade über einen gelungenen Probewurf. Er ist – das weiß ich von einem Freund – Jean, der Besitzer des größten Supermarktes am Ort. Auf so etwas muss man hier immer gefasst sein, wo berühmte Modezaren oder Filmschauspieler in kleinen Bergdörfern ihre Aussteigerdomizile besitzen und einem mit alten Espadrillos und verblichenen Hemden in der Bäckerei begegnen können.

Seit ich das weiß, mache ich mir ein Vergnügen daraus, die wahren Ichs hinter den bescheidenen Fassaden der Spieler zu erraten. Gut möglich, dass ich dabei manchmal völlig danebenliege. Aber das nicht kalkulierte, sondern ganz natürliche Understatement der Männer von Calvi hat mich gelehrt, auf Überraschungen gefasst zu sein. Die wahre *Fraternité* und *Égalité* des Alltags muss nicht durch den Sturm auf irgendeine Bastille hergestellt werden; sie stellt sich beim Boulespiel ganz von selbst ein.

Matthieu hält sich etwas abseits von der Gruppe, die gerade über einen Witz lacht. Wie er so dasteht, vergleichsweise sorgfältig gekleidet, in kerzengerader Haltung, mit kritischem Blick die Lage der Kugeln musternd, möchte man schwören, dass er Mathematiklehrer ist. Und wenn er agiert, verstärkt sich dieser Eindruck: die penible Berechnung der Flugbahn vor dem Wurf, die Einbeziehung aller möglichen Koordinaten und Parameter, die sorgfältige Ausführung und dann die Benotung – an die eigene Adresse gerichtet. Ein Mathematiklehrer, in Blicken und Bewegungen ganz die Exaktheit seiner Disziplin. Oder vielleicht doch nicht? Ist er etwa gar nicht so wohlsituiert? Wohnt er nicht in einem der

gutbürgerlichen Eigenheime am Fuß des Capu di a Veta, sondern in einem der Hinterhäuser am Place Docteur Crudeli, wo er jeden Abend das schmiedeeiserne Tor mit dem Knie aufstoßen und entlang der Wand mit den wunderbar chaotisch angebrachten Briefkästen zu einer abgeschabten Haustür gehen muss?

Gerade kommt Dominique auf den Platz. Er sieht immer aus, als hätte ihm gerade jemand etwas angetan – oder eher, als hätte ihm jemand nicht die ihm gebührende Aufmerksamkeit und Ehrerbietung erwiesen. Die Gebärdensprache seiner ausgestreckten Hand fordert seinen Gegenüber die freundliche Begrüßung fast zwangsweise ab. Ist er im bürgerlichen Leben Präfekt oder Bürgermeister? Strafverteidiger? Finanzbeamter in der Abteilung für uneinsichtige Fälle?

So habe ich mir seine berufliche Existenz immer ausgemalt. Bis ich eines Tages

Wieder mal in einem Menschen getäuscht. Wieder mal dazugelernt.

in dieses kleine Souvenirlädchen in der Oberstadt trat. Da saß er – ein liebenswürdiger, gesprächiger Geschäftsmann, der farbige Tonplastiken mit korsischen Landschaften, Anhänger mit winzigen Surfbrettern und Kühlschrankmagnete in Form von kleinen Baguettes verkaufte. Ich hatte mich mal wieder in einem Menschen getäuscht, hatte dazugelernt und genoss meinen Fehler immer mehr, je länger ich mich mit ihm unterhielt.

„Mais nooon" nörgelt nebenan der alte Henri, dem die modische Baseballkappe so natürlich zu Gesicht steht wie einem Marathonläufer der Zylinder. Die Falten an den Augenwinkeln und die Mundecken zieht er dabei genau so nach unten, wie er die ausgestreckten Arme nach hinten biegt. Der ganze Mensch ist ein einziger Vorwurf. Die anderen nehmen es gelassen und lächeln sich über seinen Kopf hinweg zu (oder strecken ihm sogar mal jungenhaft hinter seinem Rücken die Zunge heraus). So ist er halt. Man kennt ihn und weiß seine Ausbrüche zu deuten.

Vielleicht liegt es an seiner Hörbehinderung, dass er oft laut wird, wenn er gestikulierend vom Reglement spricht – er trägt zwei Hörgeräte. Seine kurzen Nackenhaare scheinen immer aufgestellt, aber das täuscht, so wie bei dem Hund unbestimmbarer Rasse, der trotz seines grimmigen Gesichtsausdrucks eher mit eingekniffenem Schwanz das Weite sucht, wenn die Kugeln in seine Nähe kommen. Bei Henri habe ich das Rätselraten um seine Lebensumstände aufgegeben. Bis heute habe ich sie nicht herausgefunden und habe auch noch nicht nachgefragt. Ich möchte mir meine Neugier angesichts dieses Menschen noch ein wenig erhalten. Ihn nehme ich genau, wie er ist.

Denn das hat mich der Bouleplatz gelehrt: Die Einmaligkeit und Unverwechselbarkeit jedes einzelnen Menschengeschöpfes dieser Erde lässt sich in der Regel nicht am Äußeren ablesen. Die liegt tief in seiner Persönlichkeit verborgen und will mit viel Geduld aufgespürt werden. Meint das vielleicht die Bibel, wenn sie sagt: „Ein Mensch sieht, was vor Augen ist, aber Gott sieht das Herz an"? Genau dieses geduldige Wahrnehmen meines Gegenübers macht das Leben spannend und nimmt viel Luft aus zwischenmenschlichen Konflikten.

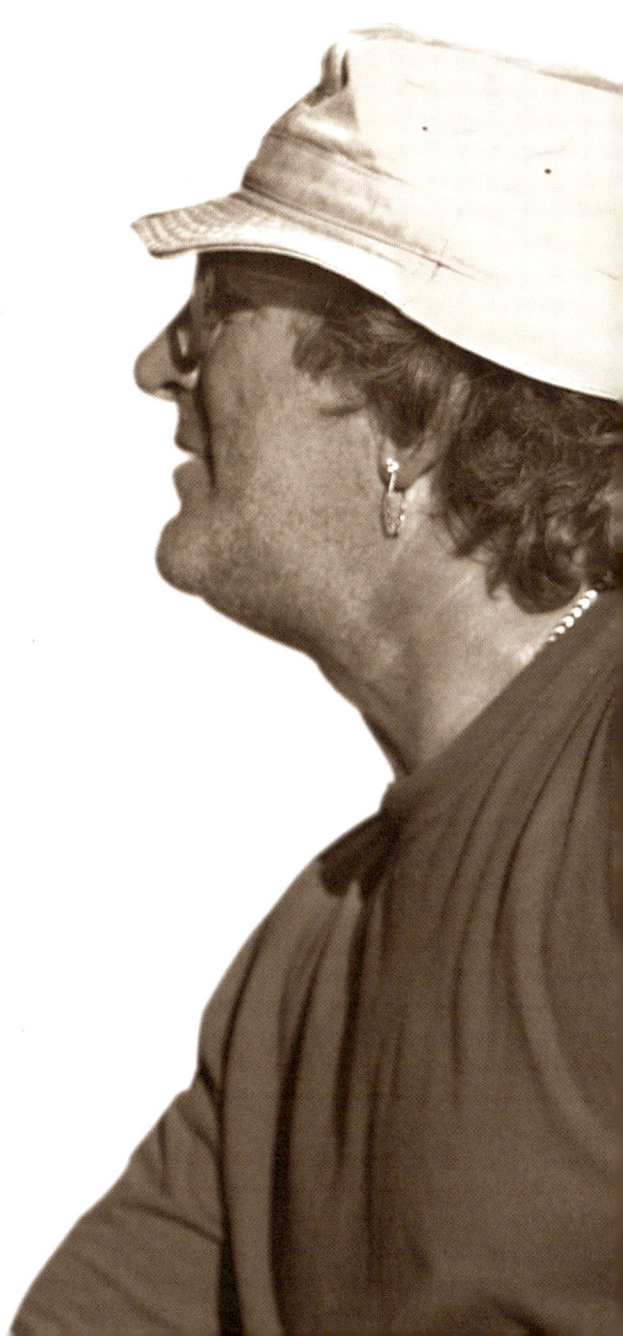

Der vom Alter gekrümmte Rücken scheint beim Boulespiel manchmal fast ein Vorteil zu sein.

Was heißt hier behindert?

Jacques kommt vorbei und schüttet mir sein Herz aus. Wir kennen uns aus den Jahren, als er noch als Gärtner arbeitete. Das ist längst vorbei. Nach zwei Operationen an den Bandscheiben kann er weder seinem Beruf nachgehen, noch kann er – und das scheint ihm im Augenblick fast die größere Bürde – Pétanque spielen. Aber er vertraut auf Gott – „le Bon Dieu"– dass die Schmerzen nicht noch schlimmer werden. Und so sitzt er wenigstens nachmittags oft hier am Bouleplatz und schaut denen zu, die noch beweglicher sind als er.

Wie schon gesagt, sind manche der Männer in dem Alter, in dem man sich beim Zubinden der Schuhe fragt, was man – da man sich nun schon einmal hier unten befindet – gleich noch mit erledigen könnte. Doch auch hier täuscht der Augenschein. Auch wenn so ein Fünfundsiebziger wie Matthieu nicht mehr viele Zähne besitzt – seine Würfe haben immer noch mehr Biss als die von manchen Jungen mit einem makellos breiten Lächeln.

Der vom Alter gekrümmte Rücken scheint beim Boulespiel manchmal fast ein Vorteil zu sein, denn die Augen des Spielers sind die Perspektive nach unten wohl gewöhnt. Und wie ist es mit dem gelähmten

Bein, das Matthieu dazu bringt, die Kugeln mit einem an einer Schnur hängenden Magneten aufzuheben? Die Behinderung scheint ihm die Standfestigkeit zu verleihen, die er benötigt, um auf die Entfernung hin so präzise zu treffen. Ein noch beredteres Beispiel ist jener Einarmige drüben in Ile Rousse, der seine Kugeln statt in der Hand in einer Gürteltasche trägt. Denn in seinem rechten Arm steckt anscheinend mehr Geschicklichkeit als bei manchen seiner Mitspieler in beiden.

Und Valentine, der junge Mann mit der spastischen Behinderung, mag im alltäglichen Leben nur Handlangerdienste verrichten – hier ist er ein bei der Mannschaftsaufstellung umworbener Spezialist. Wenn man Valentine anschaut, traut man ihm keinen geraden Wurf zu. Das Hemd hängt ihm ständig ein Stück aus der Hose, und den rechten Arm hat er immer etwas linkisch angewinkelt. Die Unterlippe in Abständen nach vorn schiebend, als schmollte er – oder eher, als wolle er unsichtbare Regentropfen auffangen –, und die übergroße Brille zurechtrückend, durch die die Sonne seltsame Lichtspiele auf seinen Wangen veranstaltet, so geht er mit unbeholfenen Schritten über den Platz. Aber dann muss man ihn werfen sehen!

Eine Behinderung ist ja überhaupt, wie die Boule-Historiker berichten (oder wie man jedenfalls zu wissen meint), der Ursprung des Boule à Pétanque. Ein Boulespieler namens Ernest Pitiot aus La Ciotat in der Nähe von Marseille konnte es nicht mehr mit ansehen, dass sein unter rheumatischen Beschwerden leidender Freund Jules le Noir das mit drei Schritten Anlauf gespielte Jeu Provençal aufgeben musste. Was tut man in einem solchen Fall? Man ändert einfach die Regeln. Die im Wurfkreis geschlossen zu haltenden Füße ermöglichten es dem ehemaligen Champion Jules, wieder seiner Lieblingsbeschäftigung nachzugehen. Wahrlich keine schlechte Idee für viele Lebensbereiche, in denen höchst willkürliche Regeln die Starken bevorteilen und die Schwachen vom Wettbewerb ausschließen. Das Leben sollte noch viel mehr zur Boulebahn werden.

Die Mannschaft machts

Ob beim Boule die Mannschaften *tête-à-tête* spielen, *en doublette* oder *en triplette*, bleibt der Situation und der Entscheidung der Anwesenden überlassen. Auf dem Platz an der Zitadelle von Calvi sieht man meistens Dreiermannschaften. Wer da mit wem in einer Mannschaft sein will, ist eigentlich völlig offen, aber Sympathien oder der Ehrgeiz, eine besonders effektive Truppe zusammenzubekommen, geben meist den Ausschlag.

Wer mit wem spielen will, ist völlig offen.

Zunächst sitzen die späteren Verbündeten und Gegner noch in zufälligen Grüppchen auf den Mauern und schauen hinüber zu den gelben Gebäuden auf der anderen Straßenseite mit den blauen Fensterläden, die sich erst in der Abenddämmerung wieder öffnen werden. Sie reden über dies und das, lachen über Witzchen oder erzählen mit ernstem Gesicht von einem Ereignis des vergangenen Tages. Allmählich lösen sich aus den zehn oder zwölf Männern dann zwei Dreierteams

und stehen zusammen ein Weilchen herum. Die anderen bleiben sitzen und werden zu Zuschauern und Kritikern.

Es gibt – über längere Zeit beobachtend, kann man es sehen – Gruppierungen, die sich immer wieder treffen und sich für den nächsten Tag verabreden, aber ab und zu taucht ein Außenseiter auf, der dann eine Lücke in einer Mannschaft schließen darf. Auffällig ist, dass es Spezialisten für verschiedene Wurfarten gibt, die bei der Bildung von Mannschaften umworben werden. Der eine beherrscht das sensible Anlegen der Kugel an das Schweinchen besser, und der andere hat die Zielgenauigkeit und die Kraft, um gegnerische Kugeln wegzuschießen.

Bei Pascal scheint eine perfekte Verbindung zwischen Auge, Hirn und Bewegungsapparat zu bestehen. Das Hinhocken im Wurfkreis und der kurze Augenblick der Sammlung lässt die Konzentration in seinem Kopf ahnen. Er hebt die Kugel auf der offenen Handfläche hoch, wiegt sie bedächtig, schaut über sie hinaus auf das Schweinchen, dreht sie dann auf die Unterseite der Hand und holt zum Schwung aus. Die inzwischen tiefstehende Sonne blendet ein wenig, aber alles hat Pascal bei seinem Wurf im Blick: den Rand einer Regenrinne,

das Ästchen hinten links und das von den gegnerischen Würfen eingekreiste Ziel. Durch eine Lücke hindurch, nicht zu langsam und auch nicht zu heftig rollt seine eigene Kugel bis auf einen Zentimeter an den Punkt der Begierde.

Robert (mit dem weithin glänzenden goldenen Anker an der Halskette) versteht es, beim Wurf mit einer geschickten Drehung der Hand der Kugel einen solchen Drall zu geben, dass alle Geländeunebenheiten ausgeglichen werden. Die Bodenwellen ahnt er voraus, die weichen Stellen im Untergrund umfährt er mit seiner Kugel, und irgendwann bleibt auch sie traumwandlerisch nahe am Ziel liegen.

Antoine, der eine Mütze der San Francisco Giants und das Hemd bis kurz über dem Nabel offen trägt, ist ein Gigant im Wegschießen gegnerischer Kugeln, eine Art Platanenrambo, vor dem nichts sicher

Ab und zu taucht ein Außenseiter auf, der eine Lücke in einer Mannschaft schließen darf.

Keiner hat sich auf seine Begabung etwas einzubilden.

ist. Sein desolater Schneidezahnbefund hindert ihn nicht an einem breiten Lächeln, das er immer dann besonders gern zeigt, wenn er mal wieder mitten aus einer Gruppe nahe beieinander liegender Kugeln die eine weggeschossen hat, die den Gegnern den Gesamtsieg gebracht hätte. Besonders beeindruckend ist sein Geschick, die gegnerische Kugel so zu treffen, dass sie weit fort fliegt oder rollt, während die eigene genau an ihrer Stelle liegenbleibt.

Aus der Jacke eines vorbeigehenden Spielers weht der Geruch von Räucherschinken herüber. Genauso riecht es in der kleinen Metzgerei von Dominique Casanova in Calenzana. Man kann sie leicht verpassen, in der winzigen Nebenstraße abseits der Kirche, aber ich finde sie inzwischen mit geschlossenen Augen. Manchmal komme ich auf dem Fahrrad dort an, durchgeschwitzt von der Fahrt über den kleinen Pass von Moncale, und schon beim Absetzen des Helms kann ich die halb kellermuffigen, halb räucherwürzigen Düfte riechen, die aus der niedrigen Tür strömen. In Amerika nennt man einen solchen Laden im Souterrain ein „hole in the wall", ein bloßes Loch in der Wand. Aber die in diesem kleinen Raum aufgehängten Wildschweinschinken und -würste bilden zusammen mit den hoch

gestapelten Schafs- und Ziegenkäsen ein ganzes Königreich von Gaumenfreuden. Verborgene Schätze sind das – genau wie die von außen kaum zu erkennenden Talente der einzelnen Spieler.

Ich muss wieder die Mannschaften vor mir anschauen. Die Zuordnung der Aufgaben zu den jeweiligen Begabungen macht auch vor den verschiedenen Lebensaltern nicht halt. Die älteren Männer haben den forschen Jungen manches voraus: Sie wägen weise die Vorteile dieser oder jener Taktik ab, kratzen sich am Kopf und setzen ihre Kraft nur genau so weit ein, wie es nötig ist. Dafür werden sie von der jüngeren Generation geachtet, die ihrerseits etwas ungestümer zu Werke gehen darf und soll.

Es gibt hier keine angestammten Positionen oder gar Hierarchien, sondern hier wirft der, der über die für die augenblickliche Situation geeigneten Mittel verfügt. Das müssen uns nicht erst Unternehmensberater und Managementtrainer erläutern. Das hat das Boulespiel schon seit hunderten von Jahren an sich. Und die Bibel kennt dieses Prinzip noch viel länger. Da schreibt zum Beispiel der Apostel Paulus von der unterschiedlichen Verteilung der Gaben – und davon, dass sich keiner auf seine Begabung etwas einzubilden hat.

Über den knotigen Wurzelballen des Baumes neben mir schleicht eine gelbgefleckte Katze und verschwindet zwischen den frischen Schösslingen, die sich hier angesiedelt haben. Es ist schon erstaunlich, dass aus dieser jahrhundertealten harten Materie noch grüne Zweige sprießen – vielleicht als Erinnerung an die Kräfte und Säfte, die auch im hohen Alter zu finden sind.

Der eigene Blick täuscht

Im ersten Stock des Hotel Christoph Colombe steht ein bodenlanges Fenster offen. Ein leerer Stuhl gähnt auf den Platz hinaus. Ob der Besitzer es vorgezogen hat, hier unten, mitten im Geschehen zu sein? Ob er die höhere Warte verlassen hat, weil er auch die leisen Kommentare, auch die feinere Mimik erleben möchte? Auf alle Fälle hat er die Möglichkeit des objektiven Blicks drangegeben, die man auf dem Platz selbst eben nicht hat.

Mancher, der im Wurfkreis steht und triumphierend die Nähe seiner Kugel zum Ziel bejubelt, muss sich von den günstiger

Wenn der individuelle Blickwinkel die Wirklichkeit verzerrt, helfen nur verlässliche Maßstäbe.

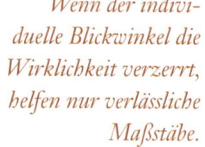

Platzierten belehren lassen, dass die Kugel der gegnerischen Mannschaft doch in der besseren Position liegt. Denn was da scheinbar nur hauchdünn vom Schweinchen entfernt ist, liegt aus anderer Perspektive doch viel weiter weg. Der individuelle Blickwinkel verzerrt die Wirklichkeit, macht die Nähe zur Ferne und umgekehrt. Hier helfen nur verlässliche Maßstäbe.

Deshalb wird bei solchen Gelegenheiten das schon erwähnte Maßband gezückt, oder auch einfach nur ein herumliegender Zweig, und es werden die Abstände der verschiedenen Kugeln zum Ziel gemessen. Da kommt es bisweilen auf jeden Zentimeter an, denn je später man werfen darf, desto größer ist die Chance, das Spiel noch herumzureißen. Manchmal wird sogar ein Unparteiischer vom Spielfeldrand bemüht, um eine Meinungsverschiedenheit zu schlichten.

Selten erheben sich die Stimmen zu einer lauten Auseinandersetzung, aber auch das kommt vor. Dann gibt es schon mal beschwichtigende oder rügende Zwischenrufe von benachbarten Bahnen. Einmal, als Henri mit bauernschlauem Schritt scheinbar ganz unabsichtlich das Schweinchen

mit dem Fuß anstieß, so dass es einen Meter weiter rollte, gab es so viel Gefuchtel und so viele Protestrufe von allen Seiten, dass ich um den kollektiven Seelenfrieden fürchtete. Man muss bei einer solchen Gelegenheit schon genau hinschauen, um das Lachen in den Augen zu entdecken.

Bisweilen kommt es auf jeden Zentimeter an.

So vieles ist Theater

Wer unbeteiligt hier vorbeikommt, vermutet tatsächlich ab und zu den plötzlichen Ausbruch einer seit Jahren schlummernden Blutrachefehde: wildes Gestikulieren, harsche Anschuldigungen, blitzende Augen, senkrechte Stirnfalten. Da fliegen François' Arme hoch wie die Zweige des Baumes über ihm, wenn der auflandige Wind unter sie fährt, und ebenso erhebt sich seine Stimme. Seine Schritte sind weit ausladend, als wollten sie die Kleinheit seiner Gestalt wettmachen, während er sich wortreich über Bastiens angebliche Regelverletzung beschwert.

Aber keine Sorge. Vieles ist Theater – vieles ist Spiegelfechterei. Nachdem sich alles in Wohlgefallen aufgelöst hat, geht Bastien von hinten an seinem auf einem Laternensockel sitzenden Kontrahenten vorbei und drückt ihm einen kurzen Kuss auf die Glatze. Der weiß, wer es ist, dreht sich gar nicht erst um und hebt nur die Hand. Einverständnis.

Ach, diese herrliche Schauspielerei, diese Lust am Agieren und Reagieren. Eben hat ein Wurf nicht nur die gegnerischen Kugeln wegkatapultiert, sondern nun liegt auch das Schweinchen hinter dem Baum an der Ecke des Cafés. Da springt Pierre auf und stemmt sich gegen den Stamm, als wollte er ihn zur Seite drücken. Natürlich hat er keine Chance, aber er hat seinen kleinen Auftritt gehabt. Und jetzt, als nach einem seiner genialen Würfe spontaner Beifall aufbrandet, nimmt Fabien die Kapitänsmütze ab und verbeugt sich formvollendet schwungvoll vor der Bank der Zuschauer, als sei er ein Höfling am Hofe Hamlets. Apropos Hamlet – wie sagt doch Lord Jacques in Shakespeares *As You Like It*: „All the world's a stage, And all the men and women merely players." Es ist nicht nur die ganze Welt eine Bühne. Auch die Boulebahn gibt reichlich Gelegenheit zum Rollenspiel.

Nicht nur die ganze Welt ist eine Bühne. Auch die Boulebahn.

Auch die Zuschauer haben ihren Part und spielen ihn mit Hingabe.

Zwischenrufer und Zuschauer

Am Nachbartisch haben drei alte Kämpen Platz genommen und bestellen sich Panaché, Bock und Menthe. Ob ich auch spiele, fragen sie. Ein wenig, sage ich, aber im Vergleich zu mir seien sie ja regelrechte Champions. „O nein", lächelt mir einer zu: „Die richtigen Champions spielen da drüben. Sagen sie wenigstens von sich."

Drüben spielt tatsächlich die Crème der Crème und macht ihr Spielfeld zum Center Court, um den sich ganz von selbst die meisten Zuschauer in einem ehrfürchtigen Spalier aufreihen. Aber auch die haben ihren Part und spielen ihn mit Hingabe. Denn die Inaktiven auf den Steinbänken machen manchmal den Eindruck, als seien sie die einzigen und wahren Könner. Als außerparlamentarische Opposition nehmen sie sich die Freiheit des zustimmenden oder hämischen Kommentars, ohne im Zugzwang zu sein, ohne selbst einen besseren Wurf hinlegen zu müssen. „Bien joué!" – Gut gespielt! – rufen sie, oder nach dem dritten Anlauf, eine gegnerische Kugel wegzuschießen: „Enfin!" – Endlich!

Manchmal erklingt auch ein mehrstimmiges „Allez, allez, allez!" – um müde Kugeln anzufeuern (die solchen Rufen allerdings nur höchst bedingt folgen), oder ein beschwörendes „Reste-là!" wenn eine etwas zu schnell auf dem Weg ist. Oder aber man hebt die Stimme zu einem singenden „O-là-là", was je nach Situation alles Mögliche heißen kann.

Ob es ein donnernder Applaus ist, ein Zungeschnalzen oder ein Laut der Entrüstung – die Zwischenrufer sind ein Faktor beim Boulespiel (ebenso wie in vielen anderen Sportarten). Sie können ebenso anfeuern wie lähmen, können das Selbstbewusstsein der Spieler stärken oder können sie nervös machen. Die ganz Alten wie Robert, der mit seinen sicher über achtzig Jahren auf der Steinbank sitzt und das Kinn auf seinen Stockknauf stützt, begnügen sich mit einem amüsierten Schmunzeln und blinzeln gelassen in die Sonne. Ist vielleicht unser Alltag in den westlichen Zivilisationen deshalb so hektisch, weil es zu viele Zwischenrufer und zu wenige gelassene Zuschauer gibt, die sich einfach freuen, dabei zu sein?

Als Zuschauer kann man ja wenigstens noch ein wenig teilhaben an dem aktiven Leben der nachfolgenden Generation. Eine kleine schweigsame Gestalt mit Blümchen und Arabesken auf den halblangen Hosen wandert scheinbar planlos zwischen den Mannschaften hin und her, schaut hier eine Weile zu und hebt dort eine vergessene Kugeltasche auf. Sein Mund beschreibt eine nach unten hängende Sichel. Ihn habe ich vor Jahren noch mitspielen gesehen. Mittlerweile scheint er verwirrt zu sein – vielleicht auch nur denk- und redemüde, wenn es so etwas gibt. Aber er wird nicht nur widerwillig geduldet. Er ist immer noch einer der Ihren.

Zwischenrufer können ebenso anfeuern wie lähmen.

Man muss mit dem Herzen sein Ziel weiter stecken, als es der Verstand vorschreiben würde.

Manchmal ist ein Umweg der beste Weg zum Ziel

Es mag sein, dass die Weisheit der Alten davon herrührt, dass sie die kleinen Dramen des Spiels schon so häufig miterlebt haben. Da hat sich zum Beispiel Edouard etwas Cleveres ausgedacht. Als er an der Reihe ist, das Ziel zu platzieren, zieht er mit der Spitze seiner ausgefransten roten Badelatschen den Kreis und wählt für seinen Wurf eine der unangenehmsten Ecken des Platzes aus: den Rand einer Regenrinne, wo die kleine Holzkugel liegenbleibt, wo aber die schweren Stahlkugeln hilflos eine nach der anderen den Abhang hinuntertorkeln. Solche perfiden Taktiken werden nun nicht etwa mit Protesten quittiert, sondern mit anerkennendem Gemurmel begrüßt: Man findet sie interessant und nimmt sie als Herausforderungen an, als Testfälle für die eigene Intelligenz und Geschicklichkeit. Jetzt muss man sich halt etwas einfallen lassen.

Denn auf ansteigendem oder abschüssigem Gelände ist bisweilen nicht der gerade Wurf der Weg zum Erfolg – nicht der auf das Schweinchen zu, sondern der daneben, dahinter. Die anscheinend fehlgeleitete, aber dabei kunstvoll angeschnittene Kugel trudelt zur Seite und schleicht sich von hinten an ihr Ziel. Wenn es nötig ist, kann mit dem entsprechenden Effet eine Kugel oder ein Hindernis tatsächlich umgangen werden: Die Kugel sichelt sich behutsam um die Steinbank oder einen Wurzelknollen herum und erreicht die gewünschte Position auf Umwegen.

Um das Schweinchen zu erreichen, das irgendwo am Rande einer Rinne liegt, muss Antoine ein Stück bergauf in eine völlig andere Richtung werfen, und – oh Wunder – die Kugel macht einen Bogen, rollt langsam wieder hinunter und dreht in Richtung Schweinchen bei. Manchmal muss auch ein vertikaler Umweg herhalten, um die Fahrt aus der Kugel zu nehmen – ein Bogenlampenwurf, der fast die Äste der Bäume streift, ehe er am Boden den Staub aufwirbelt und ganz sacht weiterrollt.

Wenn man es genau bedenkt, ist das wieder eine dieser paradoxen Lebensweisheiten, die sich im Alltag unzähliger Menschen bewährt haben. Man muss mit dem Herzen sein Ziel woanders stecken, als es der rechnerische Verstand vorschreiben würde. Dann kommt man genau dort an, wohin man möchte. Und mögen zum Beispiel noch so viele kluge Kommentare sagen, dass der auf den Himmel gerichtete Blick unrealistisch ist; die Worte der Bergpredigt haben wohl doch recht: „Trachtet am ersten nach dem Reich Gottes und nach seiner Gerechtigkeit, so wird euch solches alles zufallen." Oder man kann an den Satz von Dorothy L. Sayers denken, als sie über unsere Glücksvorstellungen nachdachte: „Glück stellt sich als Nebenprodukt ein, wenn wir im Dienste Gottes stehen."

Sic transit gloria mundi, oder:
Ein Wurf ist erst vorbei,
wenn die Kugel liegenbleibt

Eine leichte Brise hat sich aufgemacht und weckt den Zuschauer aus seiner Beschaulichkeit. Oben auf der Zitadelle muss der Wind ziemlich stürmisch wehen. Von hier aus sieht man, wie die langen Gräser auf den Festungswällen beinahe flach zum Meer hin gebogen werden. Dominique lässt sich davon nicht irritieren, und seine in hohem Bogen geworfene Kugel erreicht über fast zehn Meter hinweg das Schweinchen und schubst es zärtlich einen Zentimeter weiter. Allgemeines Raunen der Umgebung und Bravorufe machen diese Leistung sicher zu einem der Höhepunkte seines Tages. Wenn – ja, wenn es sich die Kugel nicht nach ein oder zwei Sekunden doch noch anders überlegte: Sie folgt einer

Aus dem Triumphator wird ein Häufchen Elend.

kaum wahrnehmbaren Vertiefung des Terrains, beginnt zu rollen und macht sich wieder davon. Aus dem Triumphator wird ein Häufchen Elend.

Immer wieder passiert so etwas. Alles scheint perfekt zu laufen, und dann liegt da plötzlich jener kleine Stein, der die Kugel aus der Bahn lenkt. Oder sie hat einfach zu viel Schwung (man hat es zu gut gemeint) und schießt trotz bester Richtung über das Ziel hinaus. Oder das Terrain steigt an dieser Stelle so stark an, dass sie zurückrollt. Welch eine wunderbare Gelegenheit, die Vorläufigkeit alles menschlichen Handelns zu studieren.

Es gibt beim Boule genauso viele Unberechenbarkeiten und Vergänglichkeiten wie im Alltag, wie im Geschäftsleben oder im Wachsen der nachfolgenden Generationen. Wer sich zu früh freut, bedauert seine Voreiligkeit noch. Und wer schon alle Hoffnung aufgegeben hat, erlebt freudige Überraschungen. Wer zu früh die Nase über einen Mitspieler rümpft, zieht sich irgendwann verschämt in die Ecke zurück. Und wer einem anderen nichts zutraute, kann womöglich noch über dessen Umsicht und Geschicklichkeit staunen.

Am Abend werden die Kreise, die die Werfer in den Sand gezeichnet haben, nur noch vereinzelt zu sehen sein – Standpunkte vergangener Zeiten, mit Füßen getreten und vom Winde verweht.

Und wenn der Wurf daneben ging?
Davon, dass nicht alle Wettbewerbsteil-
nehmer gleichermaßen perfekt in ihren
Spielbewegungen sind, lebt das Boulespiel
genau wie jedes andere Wettspiel. Und des-
halb geschieht so etwas in jedem Durch-
gang: Der Wurf des hageren, weißhaarigen
David, der die gegnerische Kugel treffen
sollte, geht um Zentimeter daneben. Oder
David hat mit einem Wurf genau das
Gegenteil von dem erreicht, was er wollte:
Ungeplant hat seine Kugel die des Gegners
in eine bessere Position gebracht. Als er zur
Seite tritt, schleifen die Beine seiner tauben-
blauen Polyesterhose traurig durch den
Sand. Noch mehr als sonst sieht er aus wie
Lee Marvin in *Der Mann, der Liberty Valance
erschoss*. Aber das, was ihm jetzt widerfahren
ist, wird im nächsten Durchgang einem anderen passieren. Alle sind sie nicht hundert-
prozentig in ihrer Chancenauswertung.

Und alle reagieren sie auf ihre Weise auf ein solches Missgeschick. Der eine verzieht den Unterkiefer zu einer breiten Grimasse, der andere schlägt sich mit der flachen Hand vor die Stirn, und wieder ein anderer brabbelt unhörbare Selbstverwünschungen vor sich hin. Nicht zu vergessen auch diejenigen, deren Körpersprache ein völlig abgebrühtes „Na und?" buchstabiert. Die Gesten sind so vielfältig wie die Charaktere.

Die Hauptlektion scheint zu sein, sich nicht entmutigen zu lassen und damit funktions- und lebensuntüchtig zu werden. Bei jedem Sport ist das so, und im Berufsleben erst recht. Der Musiker, der im Konzert an sensibler Stelle weithin hörbar einen Ton vergeigt, muss Wege lernen, wie er mit dieser Lücke zwischen Anspruch und Wirklichkeit fertig wird. Der Torwart, der alles gehalten hat, was es zu halten gab, und dem dann im entscheidenden Moment doch der Ball durch die Finger rutscht, muss sich darin trainieren, dieses Missgeschick möglichst schnell zu vergessen. Schon ein Kind, sagt man, muss irgendwann lernen, mit seinen kleinen Niederlagen und den eigenen Begrenzungen umzugehen. Erst dann wird es lebenstüchtig und ist auf die großen und schmerzhaften Pleiten des Lebens vorbereitet. Zu akzeptieren, dass wir nicht an jedem

Tag gleichmäßig gut in Form sind, ist eines der Lebenskapitel, die wir alle zu lernen haben – je früher, desto besser.

Was brauchen wir in diesen bitteren Augenblicken? Die Vergebung oder zumindest das Verständnis anderer Menschen. Bestimmt auch die Vergebung uns selbst gegenüber. Die Vergebungsgesten untereinander haben manchmal etwas Rührendes. Es muss nicht immer gleich der massierende Griff in die verspannte Schulterpartie des Mannschaftskollegen sein, wie ihn drüben gerade Matthieu praktiziert. Oft genügt ein mitfühlendes Schulterzucken und ein Blick, der sagt: „Hätte mir genauso passieren können."

Wer hat nicht täglich solche Vergebungen nötig – von Freunden und Feinden, von Familienmitgliedern und Kollegen, von Vorgesetzten und Untergebenen? Wer angesichts seines Versagens mit dem Schicksal hadert, der verkrampft. Und wer seine Zeit damit verbringt, wegen eines eigenen Fehlers Gott Vorwürfe zu machen, der verpasst oft schon die nächste himmlische Gelegenheit, zu einem Glückserlebnis zu kommen.

Wir brauchen die Vergebung anderer Menschen und die Vergebung uns selbst gegenüber.

Das Spiel ist erst mit dem letzten Wurf vorbei.

Eigentlich eine Binsenweisheit, und doch ist sie beim Boule augenfälliger als bei anderen Spielen. Alles ist wunderbar gelaufen, und die eigene Mannschaft ist uneinholbar auf der Siegerstraße. Da liegen plötzlich ein paar Steinchen mehr als erwartet auf dem Feld, da lässt sich ein Mitspieler von einem Freund am Spielfeldrand ablenken – und schon ist ein großer Vorsprung aufgezehrt, und man verliert schlussendlich doch noch.

In fast jedem Spiel passiert das: Unter anerkennendem Raunen der Mitspieler und Zuschauer landet ein Wurf mit unnachahmlicher Sicherheit in direkter Nähe des Zieles. Alles scheint entschieden. Bis zum nächsten Werfer, der diese Kugel irgendwo an den Rand des Platzes schießt. Dann fängt alles wieder von vorne an. Manchmal geschieht es auch, dass mit der letzten Kugel das Ziel, das Schweinchen, selbst weggeschossen wird. Ein allgemeines Aufstöhnen. So wie gegen Ende eines Lebens manches lange erstrebte und endlich erreichte Ziel durch eine Erkrankung plötzlich bedeutungslos wird.

Aber auch andersherum geht dieser Satz in Erfüllung. Man hat schon aufgegeben, ärgert sich über überhastete Würfe oder über die Stümper, die man sich als Mannschaftskameraden ausgesucht hat, und dann

Alles scheint entschieden. Bis zum nächsten Werfer.

ist es der allerletzte Wurf, der wie ein Geschenk aus heiterem Himmel das gesamte Spiel auf den Kopf stellt.

Da fallen einem wieder einmal die Psalmen Davids ein. Dem Gesetzlosen scheint es unbegrenzt gut zu gehen – er liegt nach allgemeiner Einschätzung uneinholbar weit vorne – und plötzlich findet er sich abgeschlagen irgendwo im Abseits: „Ich sah einen Gottlosen, der pochte auf Gewalt und machte sich breit und grünte wie eine Zeder. Dann kam ich wieder vorbei, siehe, da war er dahin. Ich fragte nach ihm; doch ward er nirgends gefunden."

Nachdem die letzte Kugel einer Aufnahme ausgerollt ist, kommt das knappe Fazit: *trois!* oder *deux!* – je nachdem, wie viele Kugeln der eigenen Mannschaft näher am Schweinchen liegen als die beste Kugel der Gegner. Und ganz zum Schluss dann der mal triumphale mal sachliche Kommentar: *treize à dix* (13:10) oder auch *treize à trois* (13:3). Die Mannschaft, die als erste dreizehn Punkte erreicht hat, hat gewonnen – so wie die drei, die eben dreizehn zu acht gewonnen haben, und sich jetzt in das Dunkel des Restaurants zurückziehen, um sich eine Runde des kühlen Kastanienbiers zu bestellen.

Erntezeit

Warum schaue ich den Spielern so gern beim Begutachten der Würfe und beim Auszählen der Kugeln zu? Weil das immer wie eine kleine Ernte ist – eine wie hier in der Balagne die Olivenernte nach dem Sommer, wenn die Früchte reif und rund geworden sind. Damit sie nicht ins Gras unter den uralten Bäumen fallen und dort verrotten, spannen die Bauern große Netze auf – viele Quadratmeter breit strecken sie sich unter den Baumkronen aus und fangen alles auf, was da herunterkommt.

Rechts und links der Straße nach Calenzana leuchten im Herbst die Netze grün und orange auf den Grundstücken mit den Ölbäumen. Und wenn dann später im Jahr die Wintersonne abendlich schräg durch

diese Geflechte scheint, schillern die Farben noch einmal so hell. Meist sind es lange dünne Pfosten, die die Netze in Spannung halten, aber die äußersten Zipfel werden manchmal auch von Stricken hochgehalten, die man um einen Nachbarbaum oder um einen Strommasten gewickelt hat. Abenteuerliche Konstruktionen, die keinen Design- oder Architekturpreis gewinnen wollen, aber voll und ganz ihren Zweck erfüllen. Das ist der erste Teil der Ernte.

Der zweite beginnt nach dem Einsammeln der Früchte, wenn sie zum Pressen abtransportiert und dann verarbeitet werden, z. B. in der Ölmühle U Fragnu in dem Bergdörfchen Lunghignano. Deren Star, der Esel Georges, darf alle zwei Jahre zehn Wochen lang die alte historische Mühle in Gang halten und so das Olivenöl produzieren, das zusammen mit dem Essig unsere Salate und Saucen schmackhaft macht. Den letzten Teil der Ernte fährt dann der Mund ein.

Schon jedes Bücken eines Boulespielers, wenn er die Lage der Kugeln nach einem Wurf prüft, ist eine erste kleine Ernte. Hat seine Kugel es geschafft? Vielleicht, aber er muss noch einmal nachmessen. Doch – es hat geklappt, und jetzt ist die andere Mannschaft dran. Irgendwann kommt dann die nächste, größere Ernte – das Sortieren

Schon jedes Bücken eines Boulespielers, wenn er die Lage der Kugeln nach einem Wurf prüft, ist eine erste kleine Ernte.

Die letzte Ernte ist erreicht, wenn eine Mannschaft die ersehnten dreizehn Punkte erreicht hat.

der eigenen und der fremden Kugeln und das Zusammenzählen der Punkte, wenn beide Mannschaften alle ihre Kugeln gespielt haben. Da zeigt sich, was das Planen, das Abwägen, das Taktieren und der Krafteinsatz wert gewesen sind und was die ganze Mühe gebracht hat. Die letzte Ernte ist erreicht, wenn eine Mannschaft die ersehnten dreizehn Punkte erreicht hat. Dann klatschen sich nicht nur die jubelnden Sieger gegenseitig ab, sondern dann erweisen sie durch einen Handschlag auch den Verlierern Respekt. Denn die haben auch eine Art Ernte eingefahren – zumindest die, ein Stück dazugelernt zu haben und jetzt noch mehr Motivation für die nächste Aufnahme zu verspüren.

Ich denke an die vielen kleinen Ernten meines Alltags: Ist nicht jeder abgeschlossene Arbeitsschritt, jedes erreichte Etappenziel schon einen kleinen vergnügten Zwischenstopp wert? Wenn ein schwieriges Gespräch zu einem annehmbaren Ende gefunden hat, wenn ein lang aufgeschobener Brief fertig vor mir liegt oder die Entscheidung über eine größere Anschaffung gefallen ist, dann ist zwar der Tag noch nicht geschafft, aber ich kann erleichtert nach hinten und nach vorn schauen. Das endgültige Nachmessen und Zusammenzählen am Abend wird dann zeigen, wo meine Kraft und mein Wille nicht gereicht haben oder wo mich andere Menschen am Gewinnen gehindert haben. Vielleicht habe ich nach dem Tag dann aber auch einfach Grund zu einem dankbaren Durchatmen, weil sich alles gut gefügt hat, und ich spüre, wie ich innerlich am Tanzen bin. Ohne den Ausblick auf diese Ernte hätte ich mich wahrscheinlich gar nicht angestrengt. Wie sagte Cyrill von Jerusalem im vierten Jahrhundert: "Der Ackerbau beruht auf dem Glauben; wer nicht an eine Ernte glaubt, unterzieht sich keinen Mühen." Er hätte dabei auch ans Boulespiel denken können. Aber das gab es ja damals in dieser Form vermutlich noch gar nicht.

Die Zeit vergeht wie im Flug

Kaum einer schaut hier auf die Uhr. Nur gegen Abend, wenn die Schatten länger werden, fragt man sich – ohne Reue – wo die Stunden geblieben sind. So müsste das Leben sein. Am Ende müsste man sich erfüllt und glücklich fragen, wie denn so viele wunderbare Erlebnisse in ein so kurzes Leben haben hineinpassen können. Und man müsste auf die Boulebahn der vergangenen Jahre schauen und die Kugeln vor sich sehen, die man selbst geworfen hat und auch die, die von anderen kamen. Man müsste noch einmal zusammenzählen können, was die vielen Spiele gebracht haben. Allerdings nicht so wie jener reiche Mann aus dem Evangelium, der sich gerade zufrieden zurücklehnen will und in diesem Augenblick merkt, dass er in seiner verblendeten Konzentration auf das Materielle ein Narr gewesen ist. Eher so wie der anscheinend Minderbegabte, der mit seiner Konzentration auf das Wenige in seiner Hand sein Leben auf den Punkt gebracht hat und die Einladung zu Gottes Fest hört: „Geh hinein zu deines Herrn Freude."

Da, wo der Sand des Platzes etwas tiefer und weicher ist, haben die Kugeln ihre Spuren hinterlassen – sich kreuzende Wege, wie sie auch die Boote und Schiffe draußen vor der Bucht ins Wasser zeichnen, oder wie sie die Montgolfières unsichtbar an den Himmel schreiben. Und selbst wenn man morgen nicht mehr viel von den Spuren der Kugeln sehen wird, bleiben die Erinnerungen an diesen Nachmittag im Unterbewussten der Spieler und der Zuschauer eingegraben. Und auch im Gedächtnis des Herrn aller Zeiten. Nichts geht verloren auf dieser Welt. „Alle meine Tage sind in dein Buch geschrieben", sagt der Psalmist.

Die Reihen lichten sich, das Abendessen und der trockene heimische Landwein aus der Balagne locken. Ein struppiger Hund streicht um die gemauerten Blumenkübel des Restaurants. Die weißen und rosafarbenen Oleander nicken ihm zu. Der Tag verneigt sich.

Man müsste noch einmal zusammenzählen können, was die vielen Spiele gebracht haben.

Die Reihen lichten sich.
Der Tag verneigt sich.

Manfred Siebald

ist einer der bekanntesten christlichen Liedermacher im deutschsprachigen Raum. Seit 1970 ist er im In- und Ausland unterwegs und singt seine Lieder aus dem Alltag des Glaubens für den Alltag des Glaubens. Bis 2012 arbeitete er in seinem Hauptberuf als Literaturwissenschaftler an der Johannes-Gutenberg-Universität in Mainz. Dort spielt er ebenso gern Boule wie in seiner Sommerheimat Korsika.
www.siebald.org

Wolfram Heidenreich

Wolfram Heidenreich begleitet Manfred Siebald seit vielen Jahren als Fotograf und Designer. Vor etwas mehr als 30 Jahren hat er mit seinem Partner das Unternehmen „Gute Botschafter" gegründet und berät mit einem Team von etwa 40 Mitarbeitenden Organisationen als Spezialist für Positionierungsdesign. Inzwischen ist das Unternehmen in die zweite Generation übergegangen.
Zum Boulespielen kommt er viel zu selten, ist aber gelegentlich mit einem Segelboot auf dem Halterner See zu treffen.
www.gute-botschafter.de

Informationen zum Boulespiel
(Pétanque) findet man unter
www.petanque-dpv.de

© 2024 Schlaue Bücher Verlag e. K.
3. Aktualisierte Auflage

Kursfürstenwall 19
45657 Recklinghausen
+49 23 61-9 08 55 15
info@schlauebuecher.de
www.schlauebuecher.de

Gesamtgestaltung und Prepress:
Gute Botschafter GmbH, Haltern am See
Fotografie: Wolfram S. C. Heidenreich
Druck: FINIDR Česká republika

ISBN 978-3-9816978-2-7
Bestell-Nr. 0030